textile design of INDIA

100 royalty free jpeg files

Hatanaka Collection

インドの染織

インドの古い染織の魅力は、はっとするような赤や黄色の鮮やかな色彩と多種多様な文様意匠と、さまざまな技術を駆使した美しさにあります。インドの染織には絹や羊毛も勿論ありますが、木綿製品が多いのが特徴です。木綿などの植物繊維に色鮮やかに天然染料を染めることは、藍以外は染着し難いため、高度の染色技術を要しました。布の漂白やタンニン酸の多いミロバラン（訶梨勤）に牛乳を加えた下地染は、木綿の染色にとって色を定着させ、堅牢に均等に仕上げるのに重要な働きをします。

文様には草花のモチーフが多くあります。雨の少ない乾期の長いインドでは、春になりまた雨季に入りますと一斉に花開きます。その生命力が美しい草花文様を好んだのでしょう。芥子や鶏頭や水仙などそれとわかる花もありますが、多くは文様化されたもので具体的ではありません。無数ともいえる花の意匠は象徴化された花の繰り返しや、連った花唐草のような文様がのびやかに布に染められ、華やかにしています。ペイズリーと一般に呼ばれる文様は、スコットランドのグラスゴーに近い町、ペイズリーで多くそのような文様の織物が作られたために名づけられたものですが、その由来はインドの花の変形したものであるとか、マンゴーの実の形とか、糸杉の意匠化とか、さまざまなことが言われ、事実そういうものも多々見られますが、根源的には我国の勾玉と同じく、生命の源である胎児の形からきたものが多いと思います。またインドの人々と共に暮らす動物や鳥の文様も生き生きと表現されています。その他に縞文様やラハリアという波形文様など幾何学文様の染織も数多くつくられインド染織を際立たせています。

インドの染織は技法の宝庫でありさまざまな技術による布がつくられています。染めでは手描染、木版捺染、銅版捺染、印金や印銀といったものがあります。手描染はインドの東南で多くつくられました。コロマンデール・コーストのパランボールでつくられた布は主にヨーロッパに輸出されました。またマスリパタムでつくられた木版捺染の染布もインド国内の需要だけでなく、ヨーロッパやペルシャ方面にも数多く輸出されています。木版捺染はラジャスタンとグジャラート州で多くつくられ、それぞれの地域の特徴を持っています。ヨーロッパに及ぼしたインドの染織の影響は絶大で、競って輸入や摸倣を行ないますが、18世紀半ば過ぎにはヨーロッパの伝統である銅版画による捺染を行なうようになります。イギリスのマンチェスターは銅版捺染を君臨し、やがてその設備や技術を導入し、インドのムンバイやラトラム等でもつくられるようになります。

織物は多彩で、カシミールショールは綴織の技法で文様を織り出す絞織です。ベナレスやグジャラートで多くつくられた多色の色糸を使用した錦織や金糸銀糸を織り込んだキンカブ（kinkhab）なども宮廷用衣裳としてつくられました。ヒムルー（himru）は経に木綿糸、緯に絹糸を用い繻子地に緯浮織で文様を織り込んだもので、主にオーランガバードやハイデラバードでつくられました。マシュルー（mashru）は経糸が絹、緯糸に木綿の交織の織物で、繻子織技法を用いるので、布の表面は光沢のある経糸の絹で覆われ、緯糸の木綿が裏に出て、絹の衣裳を肌の上に直接身につけることを禁じられたモスリムの男性が着用した織物です。バルチャ・ブティダーと呼ばれる織物はムルシダバードでつくられ空引機（ジャカード織機の原型）で絹による複雑な文様を織り出しています。ムルシダバードと同じくベンガル州、特に今もバングラデシュのダッカ周辺では、恐ろしいほど細い美しい木綿が織られていました。それらは風のような布と呼ばれていました。そのような

file name : **IND002**

掛布　　　　　　　　　　　cover
コロマンデル・コースト　　　PALAMPUR
18世紀後半　　　　　　　　18C
手描染、媒染及び防染　　　hand painting
木綿　　　　　　　　　　　cotton

file name : **IND003**

ベッド・カバー（パランボール	bed cover
コロマンデル・コースト	PALAMPUR
18世紀後半	18C
手描染、媒染及び防染	hand painting
木綿	cotton

Bed cover
PALAMPUR
India
19世紀中頃
hand painting
cotton
手描染、媒染及び防染
木綿

file name IND005

覆い布
アンドラ・プラデシュ州、マスリパタム？
19世紀初期
木版捺染、媒染及び防染
木綿

cover
ANDHRA PRADESH
19
woodblock printing
cotton

掛布／
アンドラ・プラデシュ州　マスリパタム
19世紀前半期
手描染及び木版捺染、媒染及び防染
木綿

COVer/
ANDHRA PRADESH
19C
hand painting & woodblock printing,
cotton

file name : IND008

ベッド・カバー ハランボール
タミールナドゥ州, マドラス地方
19世紀中期
手描染, 媒染
木綿

bed cover
TAMIL NADU
19C
hand painting
cotton

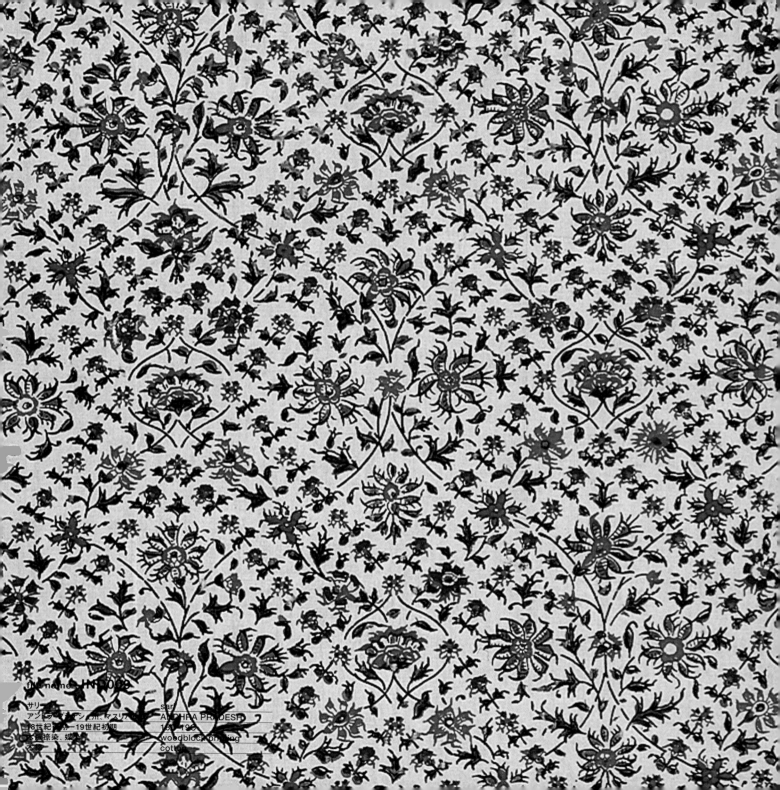

file name : IND011

ベッド カバー
ウッタル プラデシュ州 アラカバード
19世紀後期
木版捺染・染糸
木綿

bed cover
UTTAR PRADESH
19C
woodblock printing
cotton

file name : IND014

掛布　　　　　　　　　　　cover
北デカン地方　　　　　　North Deccan
18世紀後期−19世紀初期　18C−19C
木版捺染・媒染　　　　　woodblock printing
木綿　　　　　　　　　　　cotton

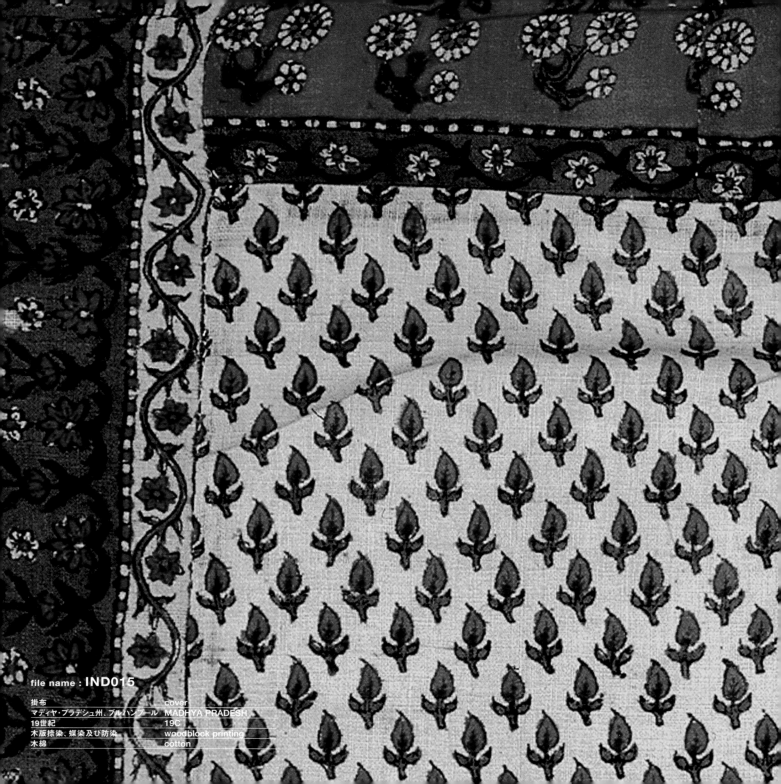

file name : IND016

覆い布	cover
西インド	West India
18世紀後期	18C
木版捺染, 媒染	woodblock printing
木綿	cotton

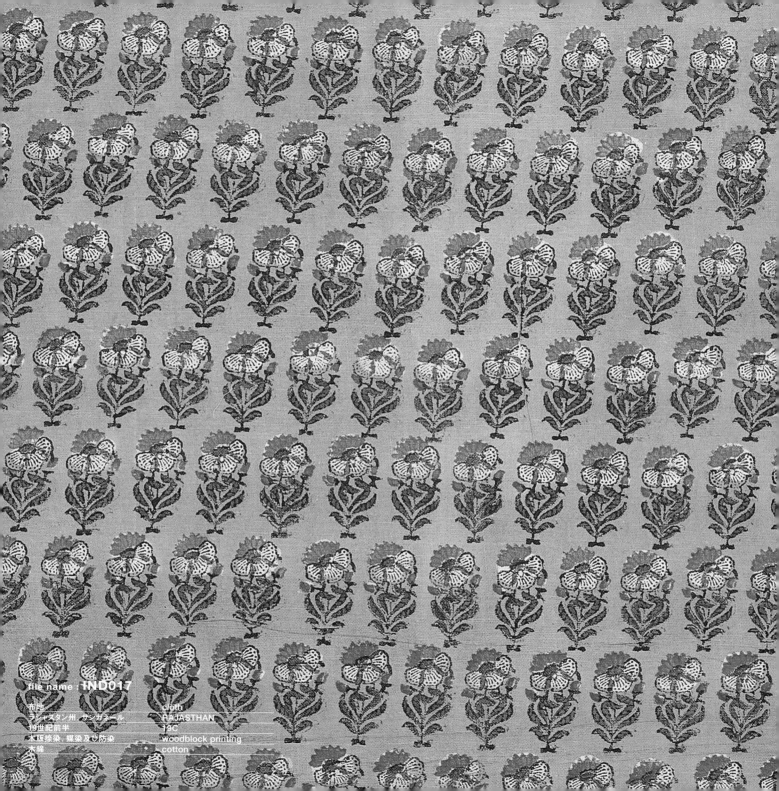

file name : IND017

布地
ラジャスタン州 サンガネール
19世紀前半
木版捺染、蝶染及び防染
木綿

cloth
RAJASTHAN
19C
woodblock printing
cotton

断片　　　　　　　　　　　fragment
ラジャスタン州 サンガネール　　RAJASTHAN
19世紀初期　　　　　　　　　　19C
木版捺染 媒染及び防染　　　woodblock printing
木綿　　　　　　　　　　　　cotton

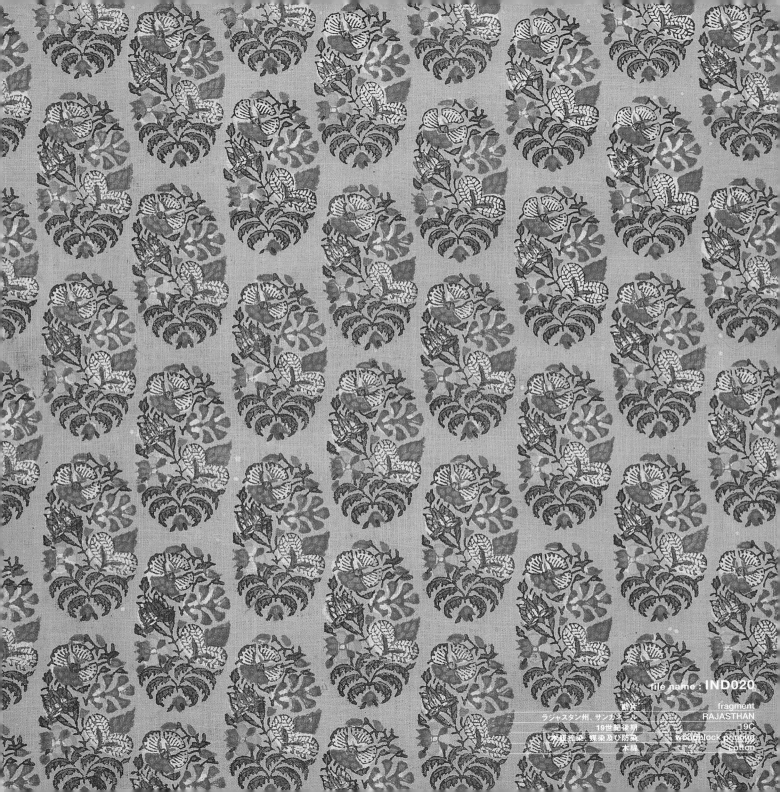

file name : IND020

断片   fragment
ラジャスタン州、サンガネール   RAJASTHAN
19世紀後期   19C
木版捺染、媒染及び防染   woodblock printing
木綿   cotton

file name：IND021

布地   cloth
ラジャスタン州、サンガネール   RAJASTHAN
19世紀後期   19C
木版捺染、媒染及び防染   woodblock printing
木綿   cotton

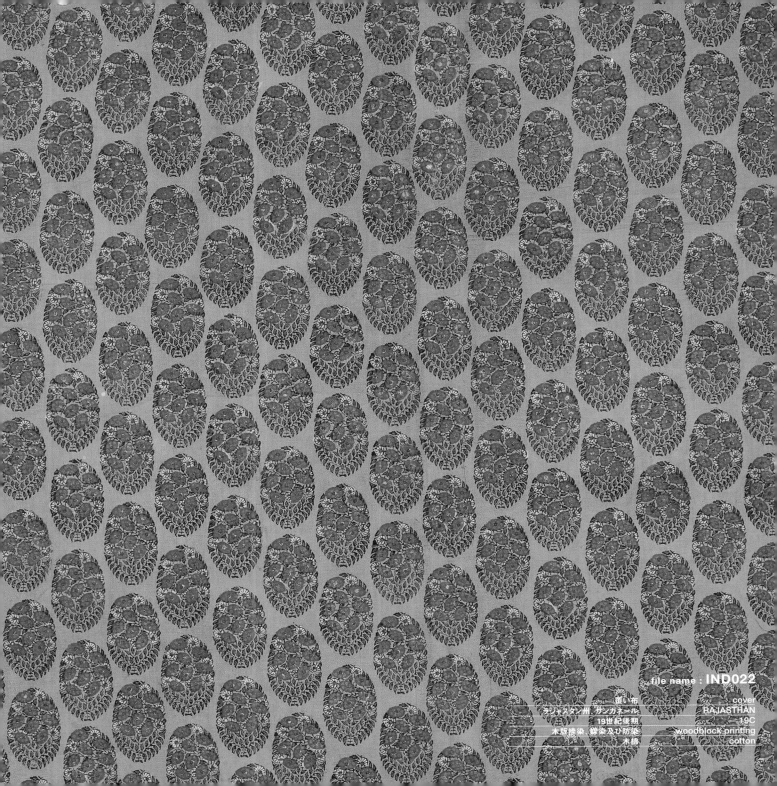

file name : IND022

覆い布	cover
ラジャスタン州、サンガネール	RAJASTHAN
19世紀後期	19C
木版捺染、媒染及び防染	woodblock printing
木綿	cotton

file name : IND023

布地　　　　　　　　　　cloth
ラジャスタン州、サンガネール　　RAJASTHAN
19世紀後期　　　　　　　19C
木版捺染、媒染　　　　　woodblock printing
木綿　　　　　　　　　　cotton

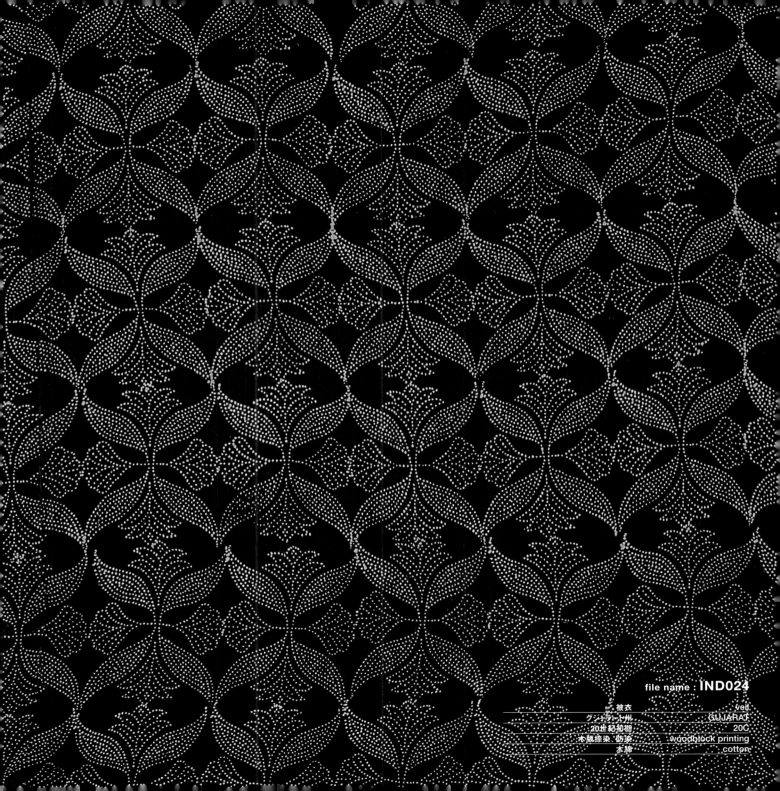

file name : IND024

被衣　　　　　　　　　veil
グジャラート州　　　　GUJARAT
20世紀初期　　　　　　20C
本瓶捺染 防染　　　　woodblock printing
木綿　　　　　　　　　cotton

file name : **IND025**

断片　　　　　　　　　fragment
ラジャスタン州　　　　RAJASTHAN
19世紀後期　　　　　　19C
木版捺染、媒染及び防染　woodblock printing
木綿　　　　　　　　　cotton

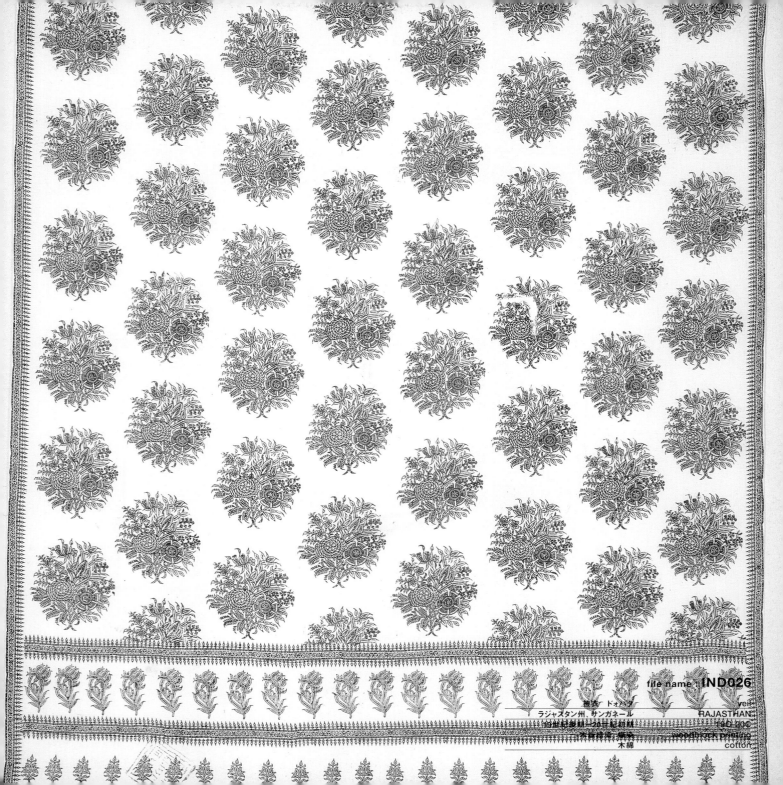

file name : IND026

被衣　ドォパタ　　　　　　　　　veil
ラジャスタン州、サンガネール　　　RAJASTHAN
19世紀後期～20世紀初期　　　　　19C-20C
木版捺染・媒染　　　　　　　　　woodblock printing
木綿　　　　　　　　　　　　　　cotton

被衣　トゥパタ veil
ラジャスタン州、サンガネール　RAJASTHAN
20世紀初期　20C
木版捺染 防染　woodblock printing
木綿　cotton

file name : IND028

被衣（こんじ）

ラジャスタン州（サンガネール）　　　RAJASTHAN

20世紀初期　　　　　　　　　20C

木版捺染、媒染　　　　　　　woodblock printing

木綿　　　　　　　　　　　　cotton

file name : 029

敷物 rug
グジャラート州 GUJARAT
19世紀 19C
木版捺染 蝋染 woodblock printing
木綿 cotton

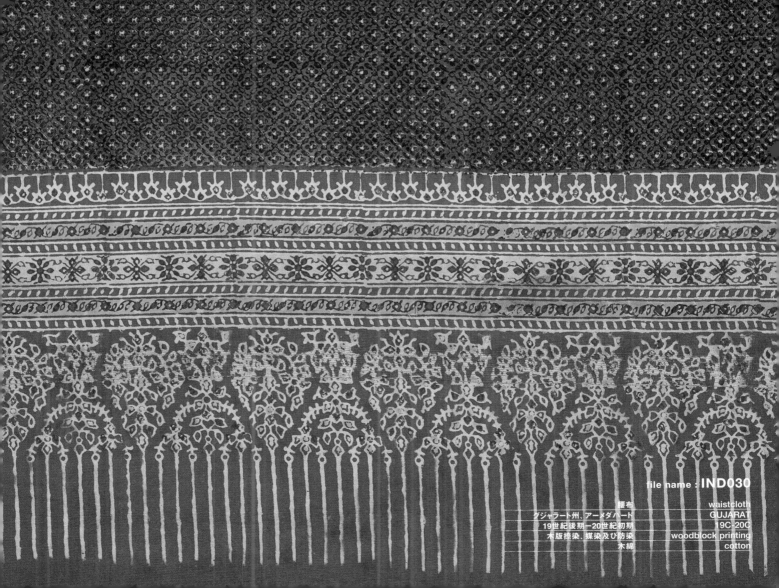

file name : **IND030**

腰布	waistcloth
グジャラート州、アーメダバード	GUJARAT
19世紀後期ー20世紀初期	19C-20C
木版捺染、媒染及び防染	woodblock printing
木綿	cotton

file name : **IND031**

断片	fragment
北西インド	North west India
17世紀?	17C
木版捺染、媒染及び防染	woodblock printing
木綿	cotton

file name : **IND032**

断片	fragment
ラジャスタン州	RAJASTHAN
19世紀	19C
木版捺染、媒染及び防染	woodblock printing
木綿	cotton

file name : **IND033**

断片	fragment
ラジャスタン州	RAJASTHAN
19世紀	19C
木版捺染・爆染及び防染	woodblock printing
木綿	cotton

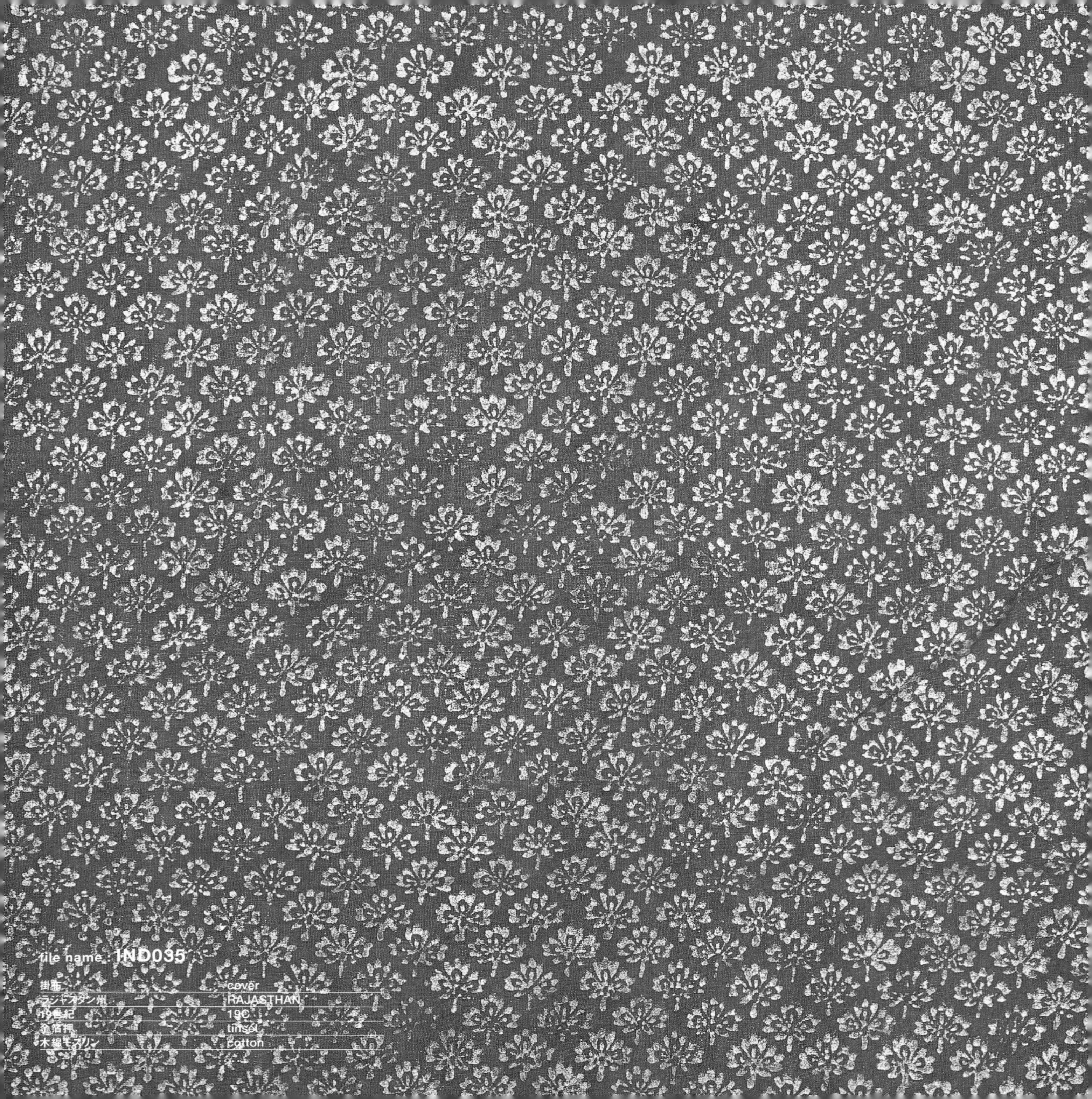

file name　IND035

掛布　　　　　　　　　cover
ラジャスタン州　　　　RAJASTHAN
19世紀　　　　　　　　19C
金箔押　　　　　　　　tinsel
木綿モスリン　　　　　cotton

file name : **IND036**

被衣　ドゥパタ	veil
ラジャスタン州	RAJASTHAN
19世紀	19C
金箔押	tinsel
木綿モスリン	cotton

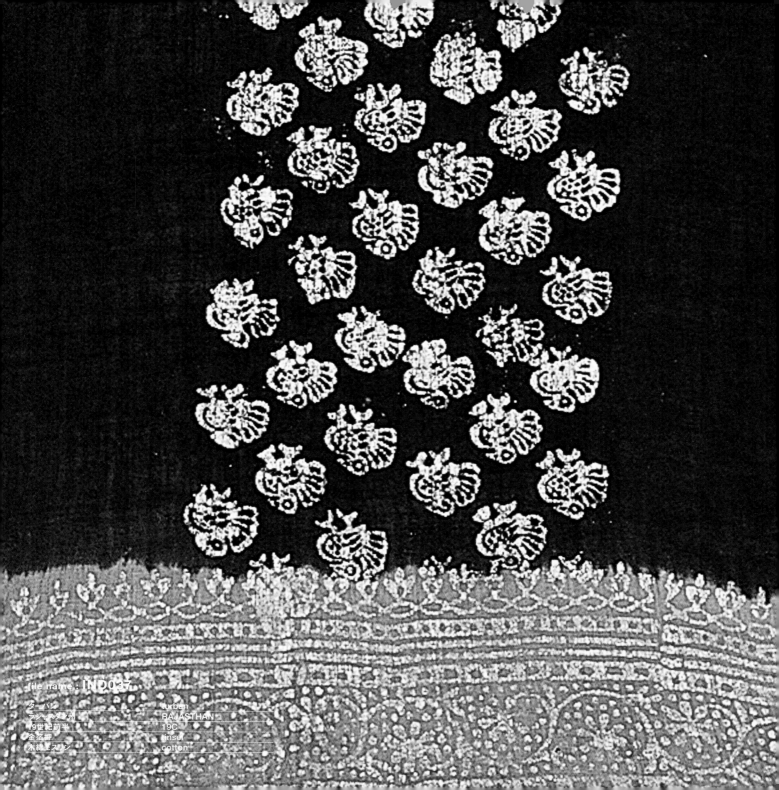

file name : **IND038**

ターバン	turban
ラジャスタン州	RAJASTHAN
19世紀後期	19C
金箔押	tinsel
木綿モスリン	cotton

file name : IND039

寺院用掛布断片   cover
西インド   West India
19世紀後期−20世紀初期   19C-20C
銅版捺染   copper printing
木綿   cotton

file name : IND040

掛布　　　　　　　　　　　cover
ヨーロッパ　　　　　　　　Europe
19世紀初期　　　　　　　　19C
銅版捺染　　　　　　　　　copper printing
木綿　　　　　　　　　　　cotton

filename IND042

掛布		cover
ヨーロッパ		Europe
19世紀初期		19C
銅版捺染		copper printing
木綿		cotton

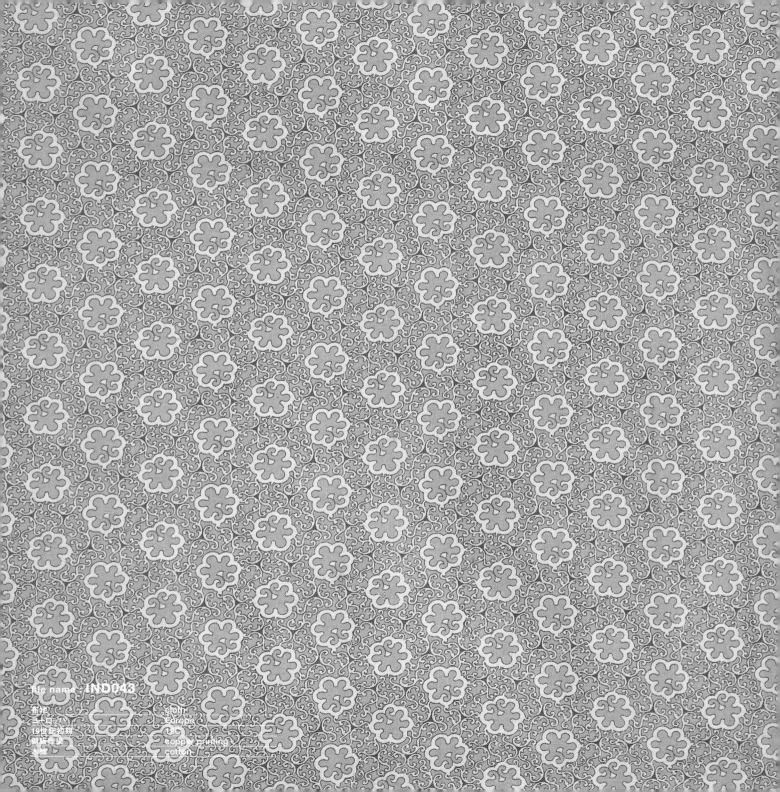

file name : IND043

布地
ヨーロッパ
19世紀初期
銅版捺染
木綿

cloth
Europe
19C
copper printing
cotton

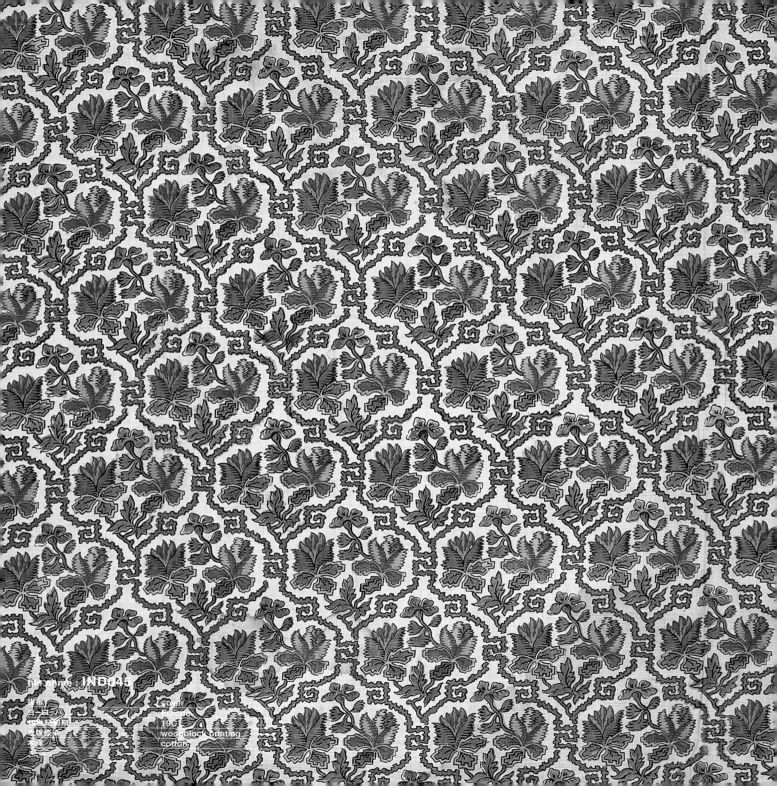

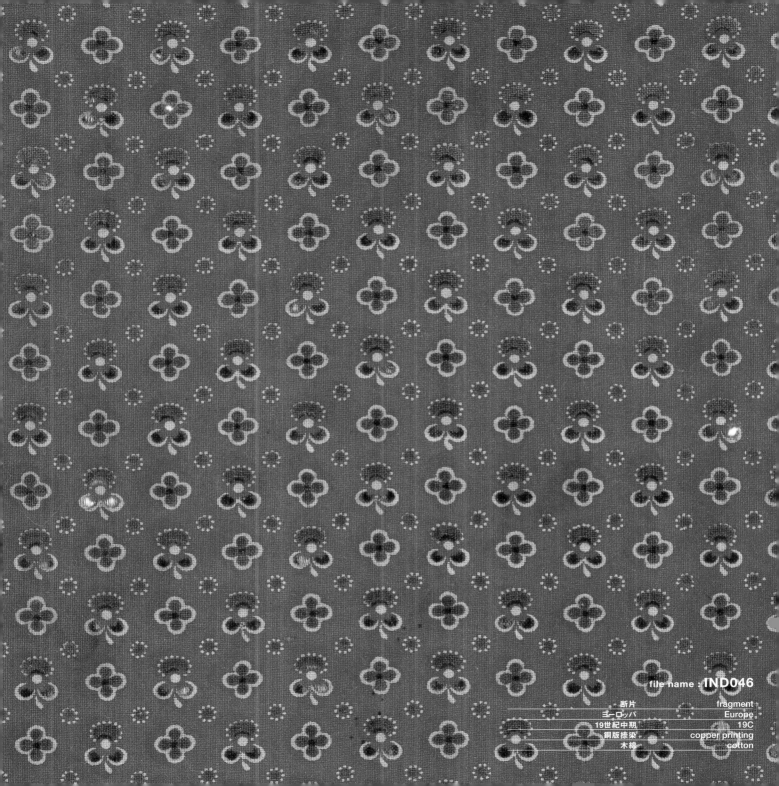

file name : IND046

断片		fragment
ヨーロッパ		Europe
19世紀中期		19C
銅版捺染		copper printing
木綿		cotton

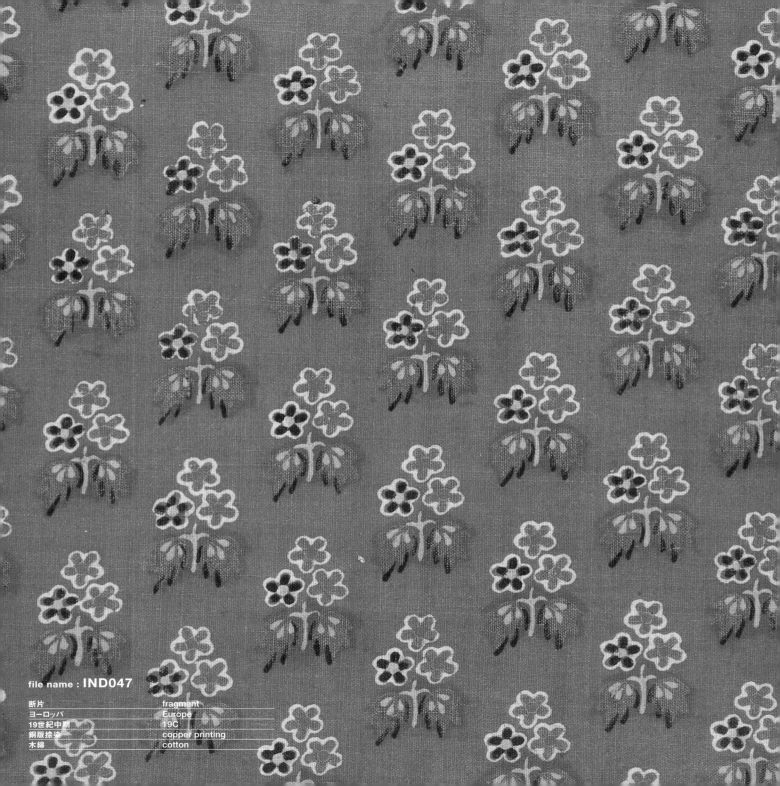

file name : **IND047**

断片	fragment
ヨーロッパ	Europe
19世紀中期	19C
銅版捺染	copper printing
木綿	cotton

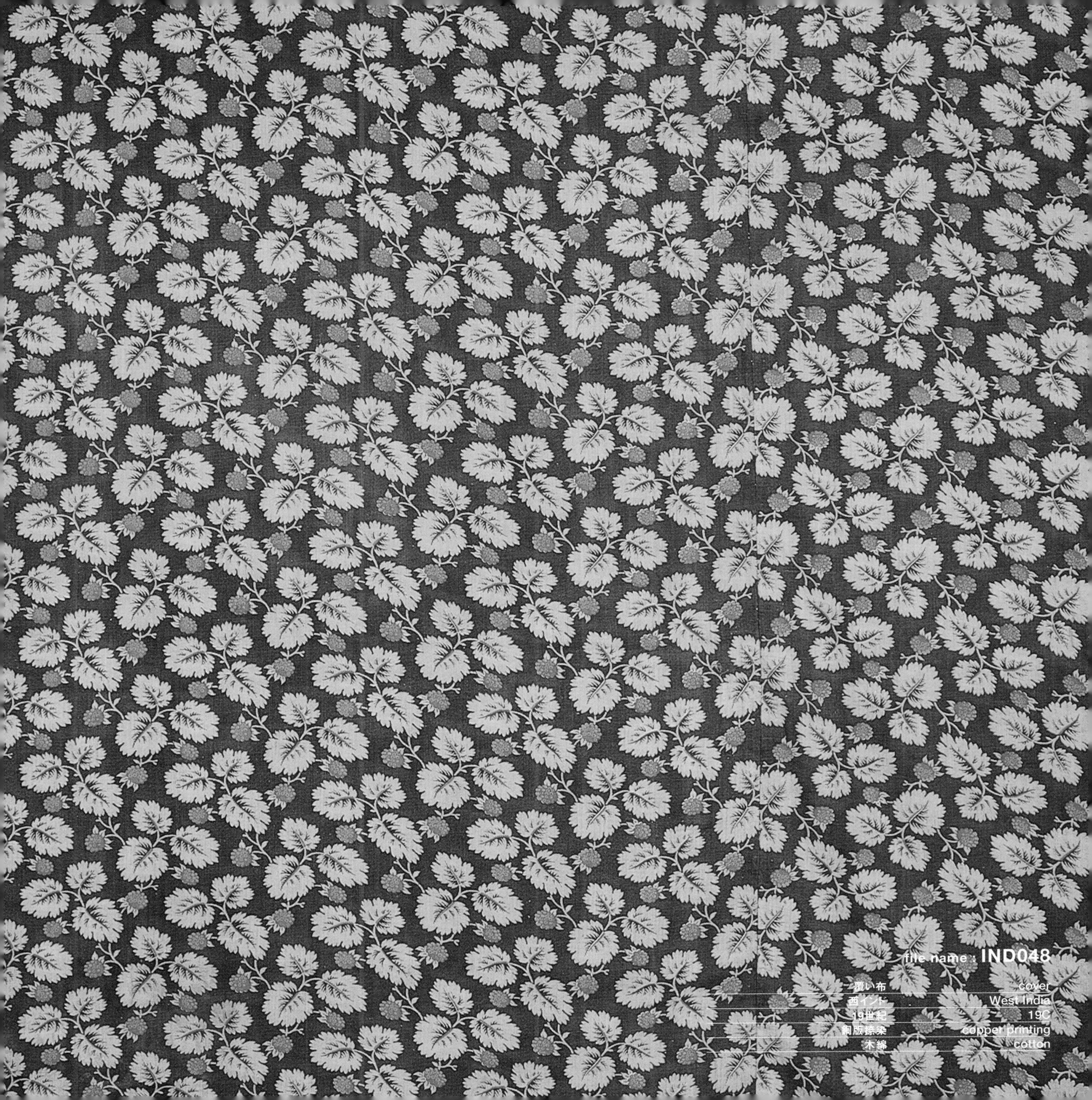

file name : IND048

覆い布 — cover
西インド — West India
19世紀 — 19C
銅版捺染 — copper printing
木綿 — cotton

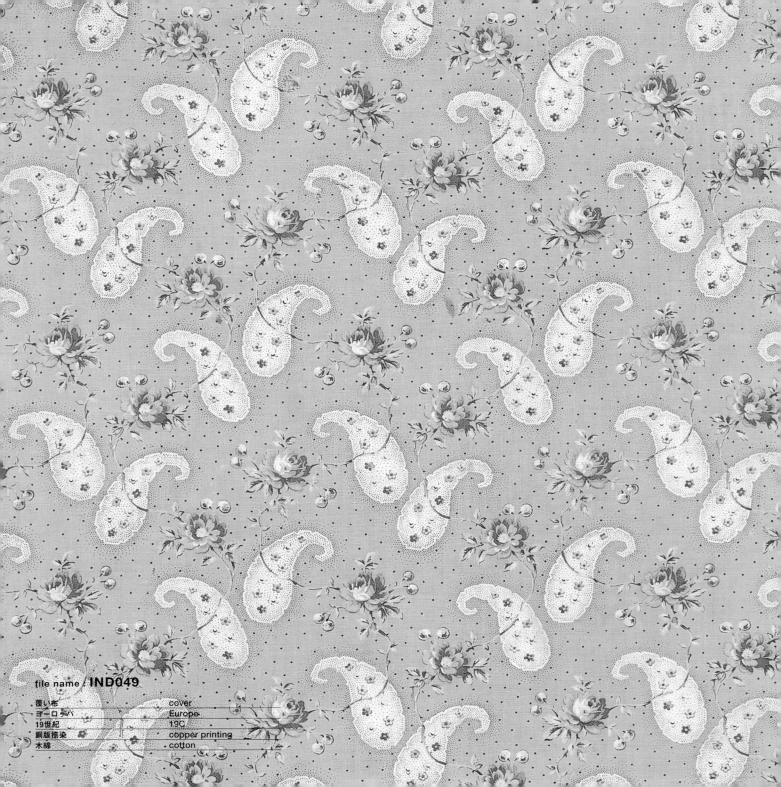

file name : **IND049**

覆い布	cover
ヨーロッパ	Europe
19世紀	19C
銅版捺染	copper printing
木綿	cotton

file name : IND051

覆い布　　　　　　　　cover
ヨーロッパ　　　　　　Europe
19世紀　　　　　　　　19C
銅版捺染　　　　　　　copper printing
木綿　　　　　　　　　cotton

file name : IND052

覆い布	cover
ヨーロッパ	Europe
19世紀	19C
銅版捺染	copper printing
木綿	cotton

file name : IND053

覆い布　　　　　　cover
ヨーロッパ　　　　Europe
19世紀　　　　　　19C
銅版捺染　　　　　copper printing
木綿　　　　　　　cotton

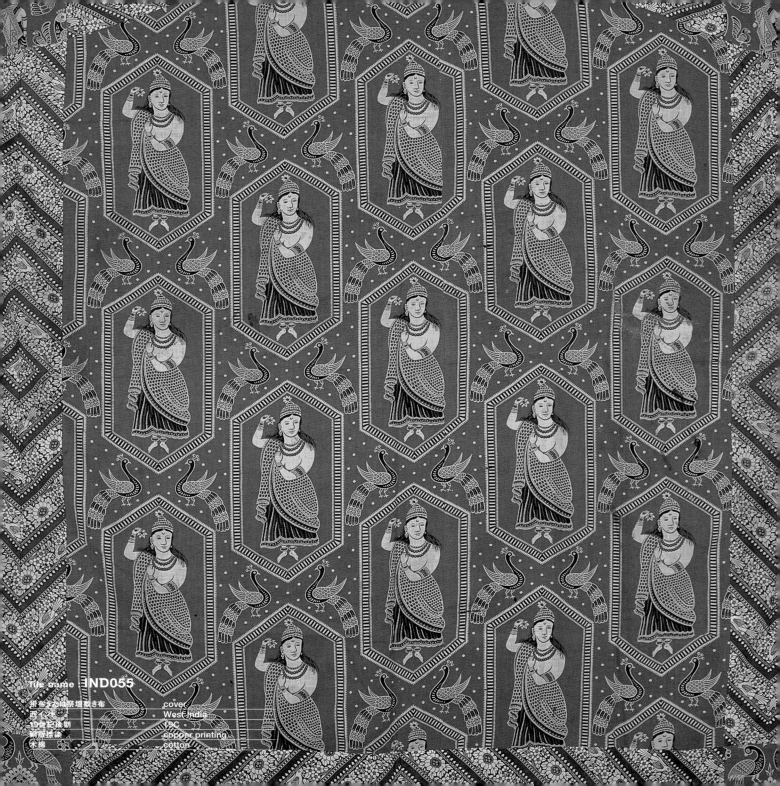

file name : **IND056**

布地	cloth
西インド	West India
19世紀後期	19C
銅版捺染	copper printing
木綿	cotton

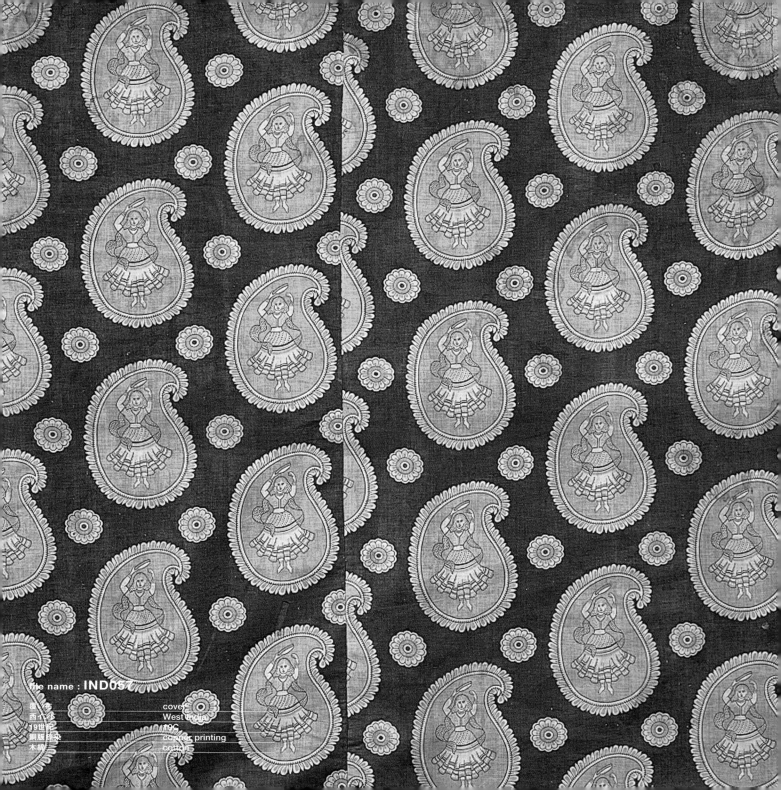

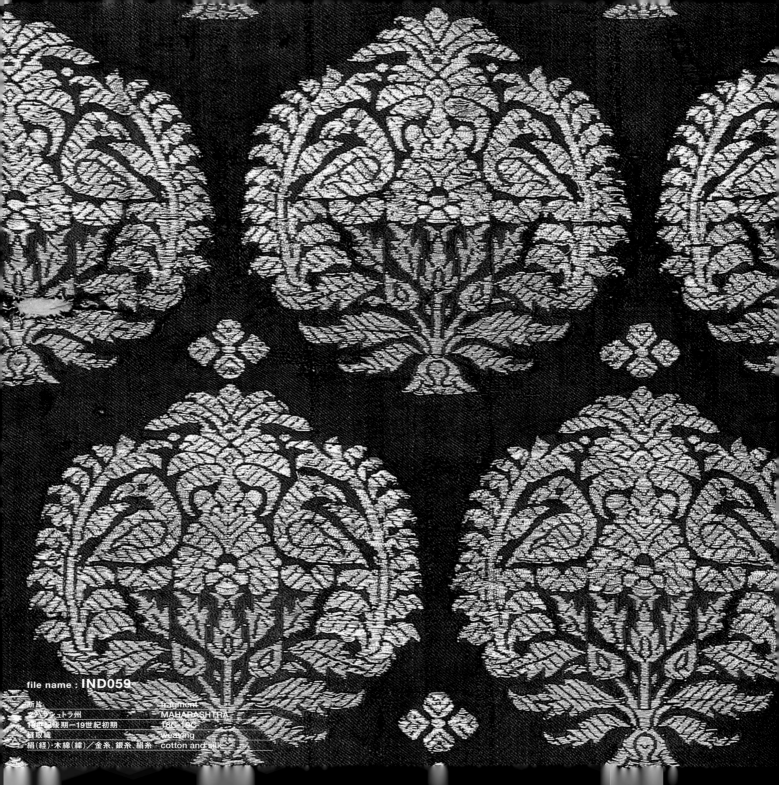

file name : IND059

断片　　　　　　　　　　fragment
マハラシュトラ州　　　　MAHARASHTRA
18世紀後期―19世紀初期　18C-19C
縫取織　　　　　　　　　weaving
絹(経)・木綿(緯)／金糸、銀糸、絹糸　cotton and silk

file name - IND060

布地　　　　　　　　　　　cloth
グジャラート州　　　　　　GUJARAT
19世紀前半　　　　　　　　19C
綴浮織　キンカブ　　　　　weaving
絹（経）木綿（緯）金糸　　cotton and silk

file name : IND061

掛布   cover
グジャラート州？   GUJARAT
18世紀後期～19世紀初期   18C-19C
縫取織   weaving
綿（経）木綿（緯）／銀糸・絹糸   cotton and silk

file name : **IND062**

ズボン　ピジャマ	trousers
北西インド	North west India
18世紀	18C
縫取織、経浮織	weaving
綿（経）木綿（緯）／絹糸　銀糸	cotton and silk

布地   cloth
北西インド   North west India
19世紀初期   19C
緞部織   weaving
綿（経）・木綿（緯）・絹糸   cotton and silk

file name : IND064

布地　　　　　　　　　cloth
北西インド　　　　　　North west India
19世紀初期　　　　　　19C
縫取織　　　　　　　　weaving
絹（経）・木綿（緯）／絹糸　cotton and silk

file name : **IND065**

断片　　　　　　　　　　　　fragment
マハラシュトラ州、オーランガバード　MAHARASHTRA
19世紀後期　　　　　　　　　19C
紋織　　ヒムルー　　　　　　weaving
木綿（経）金糸（緯）　　　　cotton

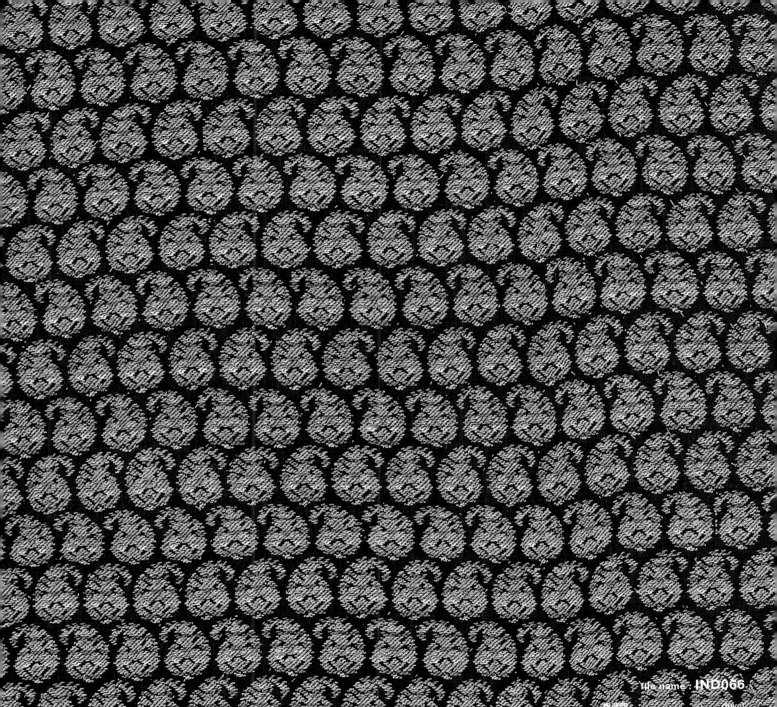

file name : IND066

夜着図
マハーラーシュトラ州
19世紀
縦浮織
木綿

quvet
MAHARASHTRA
19C
weaving
cotton

file name : IND067

被衣　　　　　　　　　　　veil
マディヤ・プラデシュ州・チャンデリ　MAHARASHTRA or MADHYA PRADESH
18世紀後半-19世紀前半　　　19C
経浮織、綴織　　　　　　　　weaving
木綿モスリン／金糸、絹糸　　cotton and silk

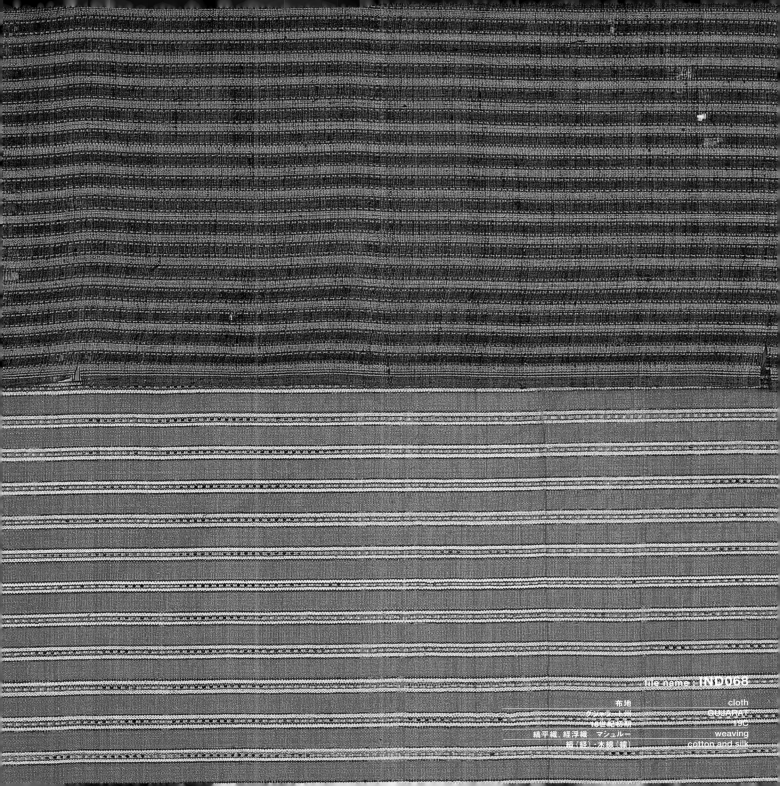

file name : IND068

布地	cloth
グジャラート州	GUJARAT
19世紀初期	19C
絹平織、経浮織　マシュルー	weaving
絹（経）木綿（緯）	cotton and silk

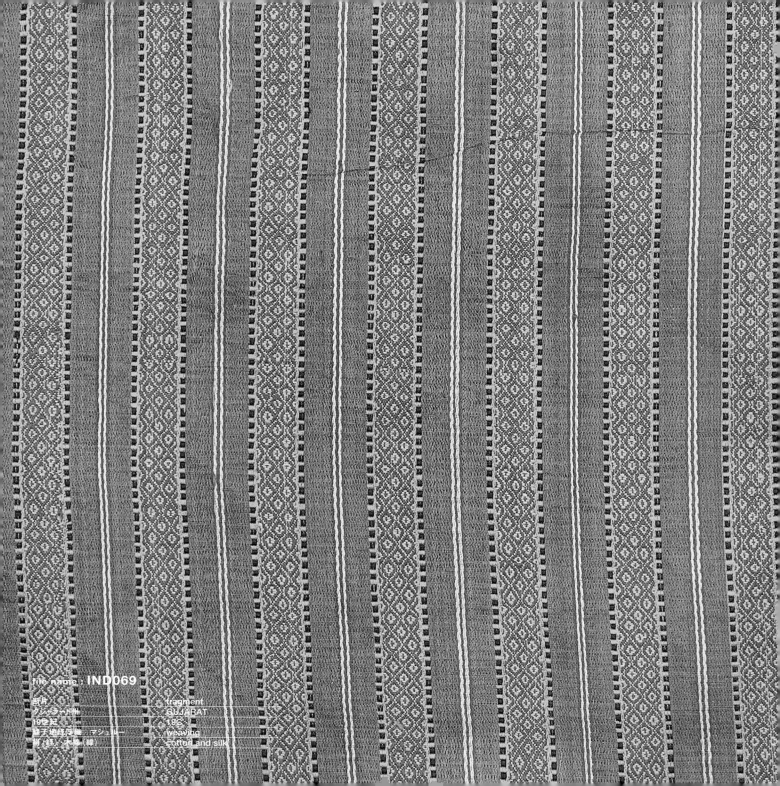

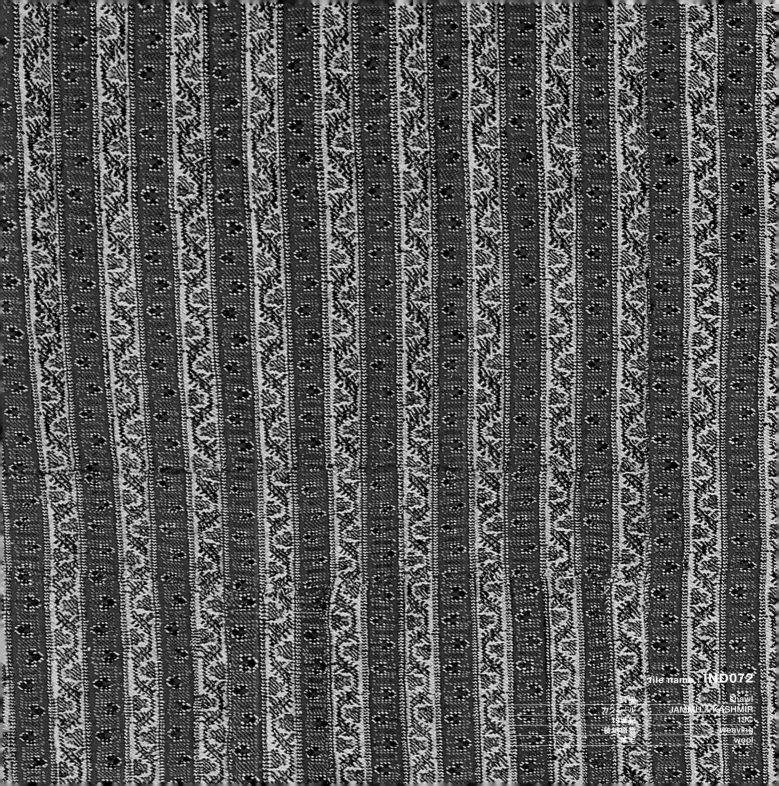

file name : IND072

更紗　　　　　　　　　Shawl
カシミール　　　　　JAMMU & KASHMIR
19世紀　　　　　　　19C
緯地織物　　　　　　weaving
羊毛　　　　　　　　wool

file name : **IND073**

覆い布	Cover
ガンドール	JAMMU & KASHMIR
19世紀	19C
繋織縫織	weaving
羊毛	wool

file name : IND074

肩掛	shawl
カシミール	JAMMU & KASHMIR
19世紀	19C
綾地綴織	weaving
羊毛	wool

file name : **IND075**

肩掛断片　　　　　　fragment
カシミール　　　　　JAMMU & KASHMIR
19世紀初期　　　　　1800
平地綴織　　　　　　weaving
パシュミナ（山羊毛）　wool

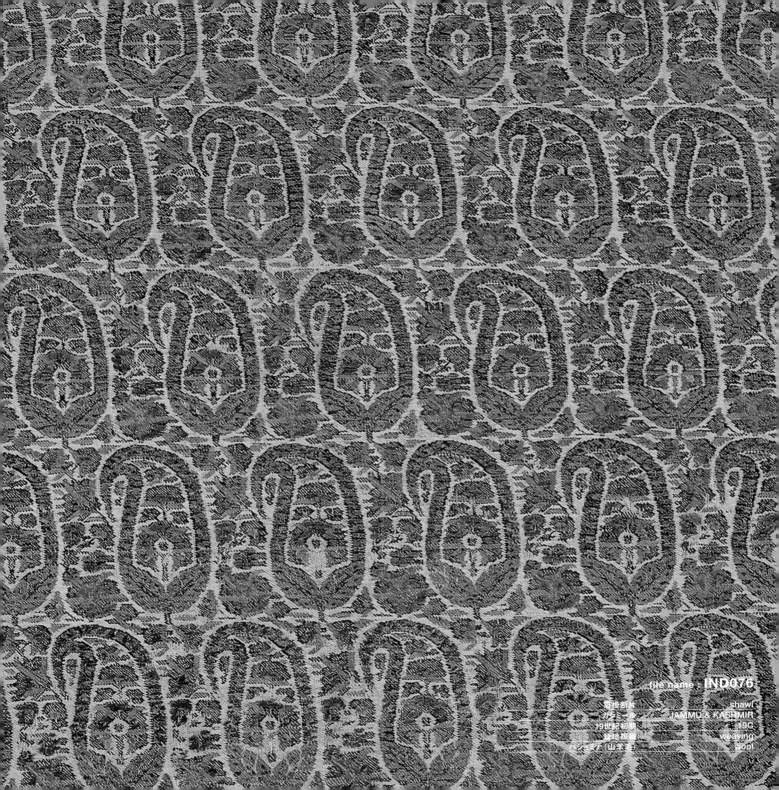

file name : **IND076**

裂掛断片 — shawl
カシミール — JAMMU & KASHMIR
19世紀初期 — 19C
緞地紋織 — weaving
パシュミナ（山羊毛） — wool

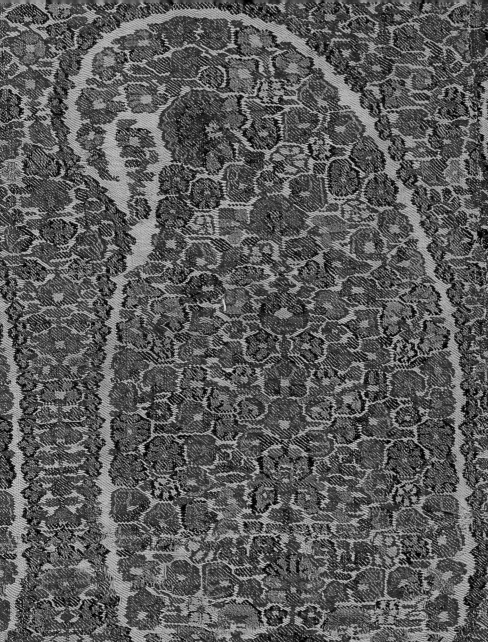

file name : **IND077**

肩掛断片	shawl
カシミール	JAMMU & KASHMIR
19世紀前半	19C
綴地模織	weaving
パシュミナ（山羊毛）	wool

file name : IND078

掛布	cover
南インド	South India
19世紀後期～20世紀初期	19C-20C
綿浮織・縫取織	weaving
木綿	cotton

file name : 079

絞り布 ○印マル   cover
バングラデシュ／ベンガル地方   BANGLADESH
18世紀   18C
絞り染   weaving
木綿モスリン／木綿糸   cotton

file name : IND001

fragment of cover
PAL AMPUR
18C
hand painting
cotton

GALLERY

図版データは上から名称（英／都市名）、製作年代、技法、素材（生地／文様）の順に表記。

Credit information on each pattern is listed as follows:
Title / Production district (province, city) / Production era / Technique / Material (fabric, design)

The allure of old Indian textiles lies in their breathtakingly vivid reds and yellows, their diverse pattern designs, and their splendid beauty borne from the various techniques utilized in the process of their production. There are, of course, Indian textiles made of silk and wool, but the defining characteristic is the abundance of cotton products. Because natural dyes—with the exception of indigo—have a very low dyeing capacity of plant fibers such as cotton, the dyeing process requires a high degree of expertise.

Many Indian textile patterns include floral motifs. In India, flowers burst into full bloom after the long dry season ends and spring brings with it the rainy season. The vitality of these flowers is most likely what gave rise to the beautiful floral patterns seen in their textiles. Some of the patterns can be identified as mustard, cockscomb, and narcissus, but most patterns do not retain specifically recognizable shapes. An infinite number of brilliant floral designs are boldly dyed in repetitions of floral symbols and floral arabesque-like designs. The pattern commonly known as paisley is named after a city near Glasgow, Scotland, where many textiles with these patterns were produced. However, there are various theories as to what the design originated in; among them are a distortion of Indian flowers, the shape of mangoes, and cypress trees. Though there is evidence that these theories hold true for some paisley designs, it is likely that most paisley was derived from the shape of the fetus, the fundamental origin of life. Furthermore, patterns of various animals and birds that co-exist with the people in India are also vibrantly depicted in textiles. Many textiles with geometric patterns like stripes and wave-like patterns called laharia have also been produced, contributing to

the preeminence of the Indian textile industry.

Indian textiles are a treasure chest of countless techniques. Among the dyeing techniques are hand painting, woodblock printing, and tinsel.

From long ago, Indian textiles have fascinated not only people in India, but people from all over the world because of their development of a diverse range of textile products through the extensive use of cotton.

Due to the seasonal heat and humidity of India, it is rare to find extant textiles from before the 17th century. However, Indian textiles have been unearthed in the deserts of arid regions such as Egypt and Central Asia. One of the primary factors in the European expansion into India from the 16th century was Indian cotton and textiles. For Europeans accustomed to heavy textiles lacking glamour and a diversity of patterns, the light, high-quality muslin cotton and chintz with patterns dyed in brilliant colors was a breath of fresh air. The Europeans were captivated by the splendid beauty and exotic design sensibilities of Indian textiles, as well as their intense dyes that would not fade.

The Indian textile industry in the post-war, post-independence period has faced a real danger of decline; re-cultivating skills and expertise that have once died out is close to impossible. Today, however, Indian textiles are slowly beginning to change to reflect the demands of the modern market known as globalization.

Kokyo Hatanaka

Textiles of India

畠中光享

木綿で縫取織をしたジャムダニと呼ばれる織物もつくられました。絣織はグジャラート州のパタン周辺には多彩な経緯絹絣があり、またアンドラ・プラデシュ州やオリッサ州では今でも数多くつくられています。

絞りは、バンダニと呼ばれる日本の絞りのような斑点の絞り染がグジャラートやラジャスタン州で盛んにつくられました。これらはドゥパタと呼ばれる被布やサリーやターバンに使われました。ラジャスタン州のジャイプールでは王族に特に好まれた絞り染としてラハリア（波の意）がありました。斜縞文様は布の一方の端から斜めに巻き上げ紐状にし、防染したい部分を括って染めています。波形文様は布地に襞をつけて通常4回畳みます。薄手の精巧な木綿モスリンが使われ、男性のおしゃれのターバンや女性の被布になりました。複雑な技法の絞り染布もあり、今ではどのようにして製作されたのか知りようがありません。

刺繍もインドのいろいろな地域で多様な展開を見せています。他の染織品と同じくムガールの宮廷の保護のもとに、宮廷付属の工房で金や銀糸などを贅沢に使った洗練された華麗なムガール様式の刺繍がつくられました。パンジャブ地方ではフルカリ（花の刺繍の意味）と呼ばれる刺繍は地布が見えない程全面に刺繍され、家宝として大切に伝えられてきました。アワド王国のあったラクノウでは上質木綿布に白木綿糸で刺されたチカンと呼ばれる美しい刺繍があります。グジャラートの刺繍布はキャンベイスタイルと言われチェーンステッチ技法を使った色鮮やかな刺繍布は17、18世紀には盛んにヨーロッパに輸出されています。グジャラート州のカッチやサウラストラでは大地に生きる人々の力強い生命力を持った素朴な刺繍布が数多くつくられています。ベンガルでは津軽地方の刺子よりももっと細かく時間をかけた一般庶民の愛情の結晶とも言うべきカンタという刺繍布があります。また西ヒマラヤの丘陵地帯のチャンバでは両面刺繍の儀式用の布がつくられています。

古えよりインドの染織品はインド国内のみならず世界中の人々を魅了してきました。それは木綿という素材を自由に駆使して多種多様の染織品を発展させてきたからです。インダス文明の頃には染材そのままでは染着しにくい茜を明礬で媒染して赤く発色させるという高度の化学処理を施す技術をすでに持っていました。

高温多湿の季節のあるインドの条件では17世紀以前の染織品が残るのは難しいことですが、乾燥地帯のエジプトや中央アジアの砂漠からはインドの染織品が出土しています。16世紀以降のヨーロッパのインド進出の大きな要因の一つには、インドの綿とその染織がありました。重たく華やかさに欠け、文様の変化も乏しい毛織物が一般的であったヨーロッパの人々にとって、軽やかな上質のモスリン木綿地やそれに自由な文様を多彩な色調で染め上げたチンツ（更紗）は新鮮な驚きであり、華麗な美しさ、エキゾチックなデザイン感覚、さらに褪せることのない堅牢な染に魅了されました。我国もオランダを通じてインドの染織品が輸入され、茶の世界で珍重され、また友禅染が起こるきっかけとなってゆきます。

戦後独立後のインドの染織手工業は衰退の危機に直面しています。一度消滅した技術は元に戻すことは不可能に近い。しかし懸命にインドの染織は次第に国際化という現代の市場の要求を反映したものへと変化しています。

file name : **IND080**

肩掛	shawl
バングラデシュ（旧ベンガル）ダッカ	BANGLADESH
20世紀初期	20C
縫取織	weaving
木綿モスリン／木綿糸	cotton

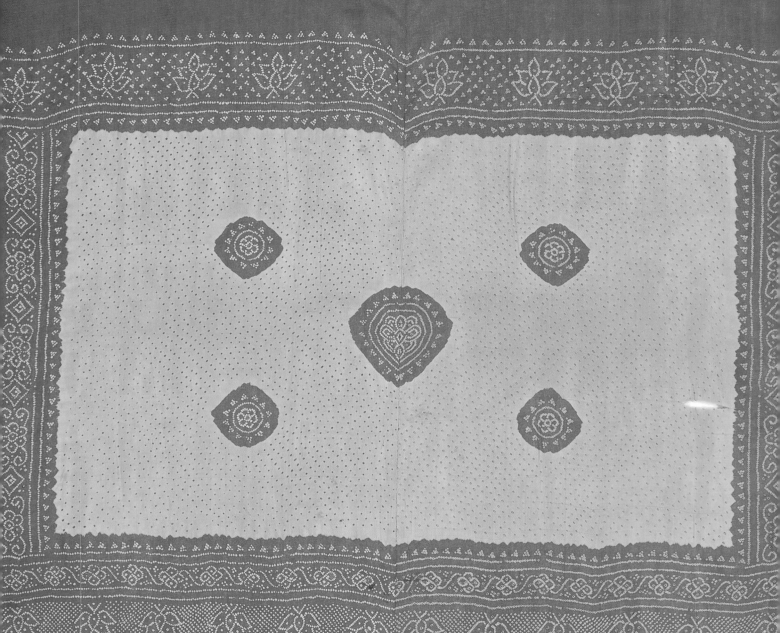

file name : IND081

被衣　オダニー | cover
グジャラート州 | GUJARAT
20世紀初期 | 20C
絞り染 | dyeing
絹 | silk

file name : IND082

サリー	sari
ラジャスタン州	RAJASTHAN
20世紀初期	20C
絞り染	dyeing
木綿	cotton

file name : IND083

被衣断片　　　　　　　　veil
ラジャスタン州、アジメール　RAJASTHAN
20世紀初期　　　　　　　20C
絞り染　縫い絞り染　　　　dyeing
木綿モスリン　　　　　　　cotton

file name : **IND084**

ターバン	turban
グジャラート州	GUJARAT
19世紀後半	19C
絞り染	dyeing
木綿モスリン	cotton

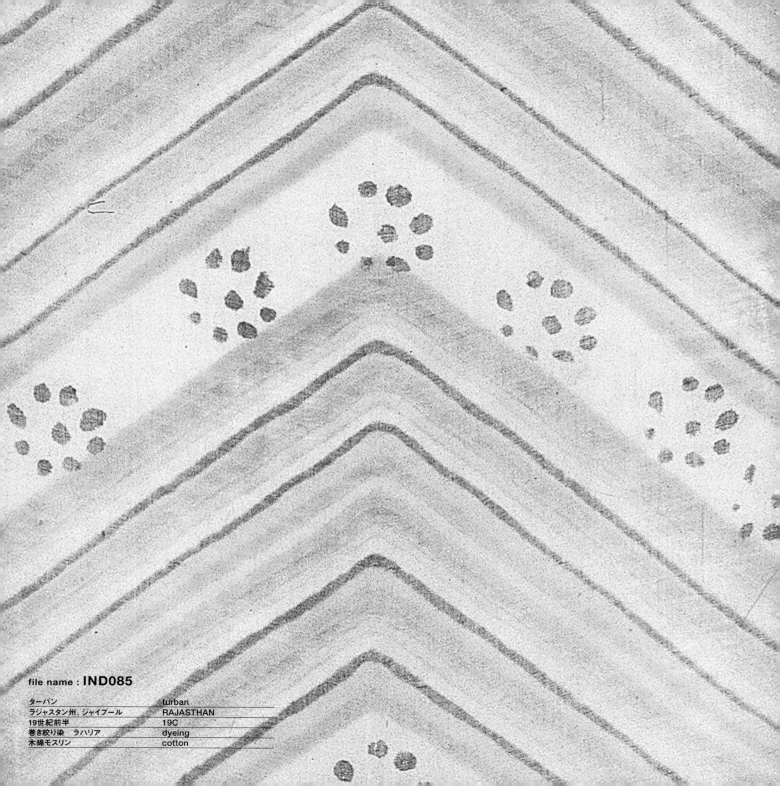

file name : **IND085**

ターバン	turban
ラジャスタン州、ジャイプール	RAJASTHAN
19世紀前半	19C
巻き絞り染　ラハリア	dyeing
木綿モスリン	cotton

file name : **IND086**

ターバン断片	turban
ラジャスタン州、ジャイプール	RAJASTHAN
19世紀中期	19C
巻き絞り染　ラハリア	dyeing
木綿モスリン	cotton

file name : IND087

ターバン断片　　　　　　　　　　turban
ラジャスタン州　ジャイプール　　　RAJASTHAN
19世紀後半　　　　　　　　　　　19C
巻き絞り染　ラハリア、モトゥラ　　dyeing
木綿モスリン　　　　　　　　　　cotton

file name : **IND088**

ターバン	turban
ラジャスタン州、ジャイプール	RAJASTHAN
20世紀初期	19C
巻き絞り染　金箔押　モトゥラ	dyeing
木綿モスリン	cotton

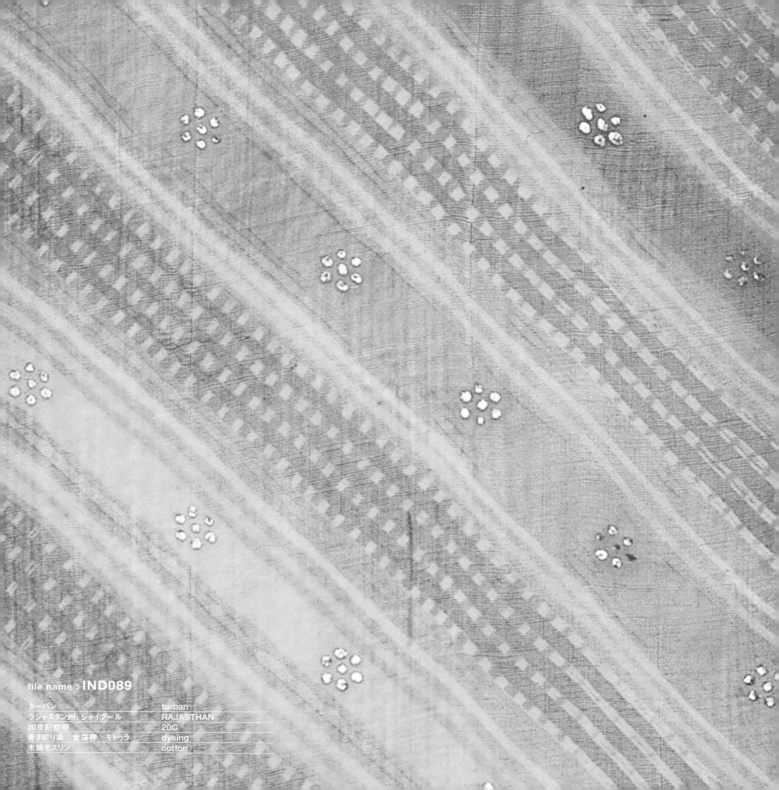

file name：IND089

ターバン	turban
ラジャスタン州、ジャイプール	RAJASTHAN
20世紀初期	20C
巻き絞り染　金箔押　モトゥラ	dyeing
木綿モスリン	cotton

file name : IND090

ターバン	turban
ラジャスタン州、ジャイプール	RAJASTHAN
20世紀初期	19C
巻き絞り染　金箔押　モトゥラ	dyeing
木綿モスリン	cotton

file name : **IND092**

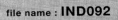

布地	cloth
ウッタル・プラデシュ州＊ラクノウ	UTTAR PRADESH
19世紀後期	19C
刺繡	embroidery
木綿モスリン／木綿糸	cotton

file name : **IND093**

布地	cloth
ウッタル・プラデシュ州、ラクノウ	UTTAR PRADESH
19世紀後期	19C
刺繍	embroidery
木綿モスリン／木綿糸	cotton

file name　IND094

断片	fragment
ウッタル・プラデシュ州、ラクノウ	UTTAR PRADESH
19世紀	19C
刺繍　チカン	embroidery
木綿モスリン／木綿糸	cotton

file name : 095

布地	cloth
ウッタル・プラデシュ州、ラクノウ	UTTAR PRADESH
19世紀後期	19C
刺繍　チカン	embroidery
木綿モスリン／木綿糸	cotton

file name : **IND096**

覆い布、ルマル　　　　　　　　　　cover
ヒマチャル・プラデシュ州、チャンバ　HIMACHAL PRADESH
19世紀後期　　　　　　　　　　　　19C
刺繍　　　　　　　　　　　　　　　　embroidery
木綿／絹糸　　　　　　　　　　　　　cotton and silk

file name **IND098**

敷布	cover
グジャラート州、サウラシュトラ地方	GUJARAT
20世紀前半	20C
刺繍	embroidery
木綿／絹糸、木綿糸	cotton and silk

file name : IND099

布地	cloth
グジャラート州、カッチ地方	GUJARAT
20世紀前半	20C
ミラーワーク入り刺繍	embroidery
木綿／絹糸、木綿糸	cotton and silk

file name :: IND100

袋 / bag
グジャラート州、カッチ地方 / GUJARAT
20世紀前半 / 20C
ミラーワーク入り刺繍 / embroidery
木綿／木綿糸 / cotton

このたびはビー・エヌ・エヌ新社の書籍をお買い求めいただきまして、まことにありがとうございます。添付のCD-ROM内のデータをご使用になる前に、下記のソフトウェアライセンス契約書をよくお読み下さい。

本書添付CD-ROM使用許諾書（ソフトウェアライセンス契約書）

1. 定義
添付CD-ROM内のソフトウェアは、オブジェクト・コード形式で記述されたプログラムであり、以下「本ソフトウェア」いいます。本ソフトウェアには、将来提供されることのあるアップデータ版もこれに含まれるものとします。

2. ライセンス
1）株式会社ビー・エヌ・エヌ新社（以下「弊社」という。）は本製品を購入され、本使用許諾書記載の条件に合意されたお客様（以下「ユーザー」という。）に対し、本ソフトウェアを同時に1台のコンピュータ上でのみ使用できる、譲渡不能の非独占的権利を許諾します。
2）ユーザーは、次の「制限事由」に該当する場合を除き、本ソフトウェアに含まれる画像その他の素材（以下「素材」という。）を加工・編集し、もしくは他の素材と組み合わせて、広告・販売促進資料その他のユーザー作品（以下「ユーザー作品」という。）中のデザイン素材として、印刷物やホームページなどのデジタルメディアに掲載して（デジタルメディアの場合は、ビットマップ画像に限ります）頒布することができます。但し、使用用途によっては、画像素材の被写体の著作権（被写体が著作物に該当する場合）意匠権、肖像権等の権利処理が別途必要とされる場合があります（別途の料金が必要となる場合があります。）

3. 制限事由
ユーザーは次の行為をしてはならないものとします。
1）本ソフトウェアを1台のコンピュータで使用するために必要な場合および前項の素材の利用の場合を除き、本ソフトウェアおよびマニュアルを複製すること
2）本ソフトウェアライセンス契約書に基づくライセンスを他に譲渡し、または本製品の貸与その他の方法で本ソフトウェアを他者に使用させること
3）本ソフトウェアの全部または一部を逆アセンブル、逆コンパイルすること
4）素材を利用してソフトウェア製品等の製造・販売するために素材を流用すること
5）素材を利用してインターネットによるダウンロードサービスを行うこと（グリーティングカード・サービスを含む）
6）素材を利用してハガキ、名刺、イラスト集などの制作販売または制作サービスを行うこと
7）素材を利用してビデオ撮影・編集などの制作販売または制作サービスを行うこと
8）素材をポストカード、カレンダー、シールなど、商品の主要な部分で利用すること
9）素材を特定企業の商品またはサービスを象徴するイメージ（VI＝ビジュアル・アイデンティティ）として利用すること
10）素材をホームページ上で公開する場合に、オリジナルデータがダウンロード可能となる環境を作ること
11）素材を企業のロゴマークや企業理念を表現したキャラクター（CI＝コーポレイト・アイデンティティ）として利用すること
12）素材を公序良俗に反する目的、誹謗・中傷目的で利用すること
13）被写体の利益を損なうような素材の利用をすること

4. 著作権その他の知的財産権
本ソフトウェアおよび素材に関するいかなる著作権その他の知的財産権もお客様に譲渡されるものではありません。これらに関する全ての権利は、弊社または弊社への供給者の排他的財産として留保されています。お客様は、本使用許諾書に従い、上記ライセンスの範囲内で本ソフトウェアを使用し、素材を利用できる権利を許諾されているにとどまります。

5. 保証期間ならびに限定保証
1）弊社は本製品の購入日から90日間（以下「保証期間」という。）に限り、本製品の記録媒体そのものに物理的瑕疵のないことを保証します。かかる保証条件に適合しない製品については、良品と交換します。但し、弊社以外の責に帰するべき事由により生じた瑕疵の場合を除きます。
2）前項に拘らず、本ソフトウェアは現状のまま提供され、弊社およびその供給者は、本ソフトウェアについては、誤りのないこと、第三者の権利侵害のないこと、商品性の保証および特定目的への適合性を含めて、いかなる保証もいたしません。

6. 責任の制限
弊社およびその供給者は、請求原因の如何を問わず、本ソフトウェアの使用または使用の不能および素材の利用から生じる全ての損害や不利益（利益の逸失およびデータの損壊を含む。）につき、一切責任を負わないものとします。

7. 使用許諾の終了
ユーザーが本使用許諾書に違反された場合、弊社は本使用許諾書に基づくユーザーのライセンスを終了させることができます。

動作環境【 textile design of INDIA 】
Windows □システム：Windows95 / 98 / NT / 2000 / Me / XP対応 □メモリ：RAM32MB以上 / 386CPU以上（486以上を推奨） □CD-ROMドライブ □32000色以上640×480ピクセル以上のカラー表示が可能なモニタ □50MB以上のHDの空き容量動作環境 □JPEG形式データを読み込み可能なアプリケーションソフト
Macintosh □システム：漢字Talk7.5以降 □メモリ：RAM32MB以上 / 386CPU以上（486以上を推奨） □CD-ROMドライブ □32000色以上、640×480ピクセル以上のカラー表示が可能なモニタ □50MB以上のHDの空き容量 □JPEG形式データを読み込み可能なアプリケーションソフト

textile design of INDIA

©2004 BNN Inc.

制作　　藍風館 大前正則
編集　　青人社 濱田信義
著者　　畠中光享
デザイン　森泉勝也

発行人　長谷川新多郎
発行所　株式会社ビー・エヌ・エヌ新社
　　　　〒163-1111 東京都新宿区西新宿6-22-1 新宿スクエアータワー11階
　　　　FAX. 03-3345-1127　MAIL. info@bnn.co.jp

印刷所　大日本印刷株式会社

ISBN 4-86100-213-3

落丁・乱丁はお取り替えいたします。
本書の全部・一部の複製を禁止します。